# Ökonomische und gesellschaftliche Wirkungen der Fußballweltmeisterschaft 2006 in Deutschland

Celine Schlebach

**Bibliografische Information der Deutschen Nationalbibliothek:**

Die Deutsche Nationalbibliothek verzeichnet diese Publikation in der Deutschen Nationalbibliografie; detaillierte bibliografische Daten sind im Internet über http://dnb.d-nb.de abrufbar.

ISBN: 9783389036624
Dieses Buch ist auch als E-Book erhältlich.

© GRIN Publishing GmbH
Trappentreustraße 1
80339 München

Druck und Bindung: Books on Demand GmbH, Norderstedt Germany
Gedruckt auf säurefreiem Papier aus verantwortungsvollen Quellen

Das vorliegende Werk wurde sorgfältig erarbeitet. Dennoch übernehmen Autoren und Verlag für die Richtigkeit von Angaben, Hinweisen, Links und Ratschlägen sowie eventuelle Druckfehler keine Haftung.

Das Buch bei GRIN: https://www.grin.com/document/1484353

Hochschule Fresenius

Fachbereich onlineplus

Studiengang: Tourismus- und Eventmanagement

Projektarbeit

# Ökonomische und gesellschaftliche Wirkungen der Fußballweltmeisterschaft 2006 in Deutschland

**Welche Wirkungen hatte die Fußballweltmeisterschaft 2006 in Deutschland in ökonomischer Hinsicht auf Umsätze, Beschäftigungszahlen und Steuern, sowie in sozialer Hinsicht auf das Image des Landes?**

Celine Schlebach

Modul: Eventkonzeption und Eventdesign

Abgabedatum: 02.06.2024

# Inhaltsverzeichnis

# Abbildungsverzeichnis

# 1 Einleitung

*Sportevents sind „seit Beginn der Menschheit ein wichtiger Bestandteil der Kultur."*

*(Jäger, 2021, S.36)*

Die Qualifizierung einer Veranstaltung zu einem Event bedingt nach Jäger die Merkmale der Planmäßigkeit, Zielorientierung, Einzigartigkeit, dem Ansprechen aller Sinne, das Gefühl einer exklusiven Gemeinschaft sowie eine monothematische Struktur. (vgl. Jäger, 2021, S. 15) All diese Merkmale kategorisieren die Fußballweltmeisterschaft 2006 zu einem Event. Für Besucher ergeben sich Nutzenpotenziale, die sich aus der Teilnahme an dem Event ergeben. Dazu gehört der emotionale Nutzen, der aus Events mit hohem Unterhaltungswert gezogen werden kann, sowie der soziale Nutzen, welcher durch die gemeinsame Teilnahme bzw. durch Kontakte zwischen Teilnehmenden entsteht. Das dritte Nutzenpotenzial ist der kognitive Nutzen, der im Kontext der Fußballweltmeisterschaft vernachlässigt werden kann. (vgl. Jäger, 2021, S. 25)

Diese Nutzenpotenziale begründen eine hohe Relevanz auch in Zukunft. Sportevents werden in ihrer Anzahl und Größe im Laufe der Zeit umfangreicher, was eine genauere Analyse des Nutzens in immer größerem Maße legitimiert und notwendig macht. Die vorliegende Projektarbeit soll sich exemplarisch mit der Fußballweltmeisterschaft 2006 in Deutschland auseinandersetzen und aus der ökonomischen und gesellschaftlichen Perspektive den Nutzen für das Austragungsland eines solchen Megaevents analysieren. Dafür soll das Sportevent Fußballweltmeisterschaft in Bezug auf Format, Größe und Durchführung genauer betrachtet werden. Ökonomische Wirkungen wie Umsätze, Beschäftigungseffekte und Steueraufkommen für Deutschland sollen eruiert werden. Aus sozialer Perspektive soll die Partizipation Einheimischer, die Akzeptanz sowie das Image betrachtet werden. Ob sich die einzelnen Punkte genau abgrenzen lassen, ist noch festzustellen.

## Methodik

Die literaturbasierte Projektarbeit soll den Nutzen der Fußballweltmeisterschaft 2006 für den Austragungsort Deutschland diskutieren. Durch Deskresearch und anschließende Verdichtung der vorliegenden wissenschaftlichen Erkenntnisse soll folgende Forschungsfrage eruiert werden:

**Welche Wirkungen hatte die Fußballweltmeisterschaft 2006 in Deutschland in ökonomischer Hinsicht auf Umsätze, Beschäftigungszahlen und Steuern, sowie in sozialer Hinsicht auf das Image des Landes?**

## 2 Eventformat

Events können aufgrund ihres Inhalts unterschieden werden: Sie können kulturell, privat, politisch, kommerziell oder als Freizeitevents kategorisiert werden. (vgl. Jäger, 2021, S. 31 ff.) Sportevents wie die Fußballweltmeisterschaft zählen zu den Kulturevents sowie zu Freizeitevents für Besucherinnen und Besucher. Eine klare Abgrenzung ist nicht möglich, da die unterschiedlichen Stakeholder des Events unterschiedliche Motive verfolgen. Eine Firma, die Sponsoring bei einem solchen Sportevent betreibt, verfolgt kommerzielle Ziele im Gegensatz zu Besuchenden, die zur freizeitlichen Vergnügung an einer solchen Veranstaltung teilnehmen.

Nach Jäger variieren „das Besucheraufkommen, das mediale Interesse, die Infrastruktur, die wirtschaftlichen Einflüsse, die Eventkosten und Risiken" je nach Größe der Veranstaltung. Megaevents haben nach Jäger „Auswirkungen auf ganze Volkswirtschaften", globale Medienaufmerksamkeit und werden durch Ausschreibungen vergeben. Investitionen in die Landesinfrastruktur hätten gesamtwirtschaftliche Auswirkungen, Einkommenseffekte sowie Image- und Werbeeffekte. (vgl. Jäger, 2021, S. 38 f.)

Die Fußballweltmeisterschaft im Jahr 2006 in Deutschland über den Zeitraum vom 09.06.2006 bis zum 09.07.2006 wurde an 12 unterschiedlichen Standorten ausgetragen. Ursprünglich hatte Deutschland sich mit 10 Standorten beworben, welche von der FIFA nachträglich angepasst wurden, wobei Düsseldorf herausfiel und Hannover, Kaiserlautern und Nürnberg als Standorte hinzukamen. Diese Entscheidung zog Investitionssummen i.H.v. 1,4 Millionen Euro zur Anpassung der Stadien entsprechend den Anforderungen der FIFA nach sich. (vgl. Dobias, Schwarz, 2002)

**Abbildung 1: Standorte der Fußballweltmeisterschaft 2006**

[Die Abbildung ist aus urheberrechtlichen Gründen nicht im Lieferumfang enthalten.]

---

Dies sind die Austragungsorte der Fußballweltmeisterschaft 2006 in Deutschland (Quelle: Google Maps, 2024 und Dobias, Schwarz, 2002).

Ziel der Austragung der Fußballweltmeisterschaft in Deutschland sei nach Angaben der Bundesregierung „das Gastgeberland Deutschland im In- und Ausland als Wirtschafts- und Wissenschaftsstandort, Reisedestination und Kulturnation zu bewerben". Neben positiven ökonomischen Effekten handle es sich um eine Integrationsveranstaltung, welche „die Identifikation mit dem eigenen Land gestärkt und die Offenheit für andere Länder wachsen lassen" hat. (Bundesministerium des Innern, 2006, S. 4)

# 3 Ökonomische Wirkungen

Auch das Institut für Sportökonomie *SportsEconAustria* kommt zu der Erkenntnis, die Bewerbung um Großsportveranstaltungen „speziell solcher in der Größenordnung einer Fußball WM, ist zu einem Geschäftsfeld sui generis mit erheblichen gesamtwirtschaftlichen Implikationen geworden." Allein die Einnahmen aus Fernsehübertragungsrechten beziffern sich auf 998 Millionen Euro mit chronologisch steigendem Ergebnis seit 1982. Die Autoren benennen „Wertschöpfungs- und Kaufkrafteffekte durch steigende Investitions- und Konsumausgaben", Beschäftigungseffekte sowie fiskalische Effekte (staatliche Maßnahmen zur Beeinflussung wirtschaftlichen Geschehens) als größte ökonomische Vorteile der Fußballweltmeisterschaft 2006. Als wirtschaftliche Nachteile führen sie Preissteigerungen sowie Überkapazitäten an, die nach Beendigung der Veranstaltung entstehen können. (vgl. Helmenstein, Kleissner, Moser & Schindler, 2007, S. 3 f.)

## 3.1 Umsätze und Multiplikatoreneffekt

Die deutsche Bundesregierung beschreibt die Umsatzeffekte durch die Weltmeisterschaft 2006 in Deutschland als „regionalökonomische und gesamtwirtschaftliche Wachstumsimpulse" durch „die massiven privaten und öffentlichen Investitionen in die Sport-, Verkehrs-, Kommunikations- und Beherbergungsinfrastruktur sowie die Ausgaben der ca. zwei Millionen ausländischen Besucher" (Bundesministerium des Innern, 2006, S. 27)

Das Institut für Sportökonomie *SportsEconAustria* bezifferte 2007 einen erhofften Umsatzeffekt in Deutschland auf 10 Milliarden Euro, was einer realen Erhöhung des BIP in Deutschland um 0,3 Prozentpunkte entsprach. Von diesen 10 Milliarden Euro seien 6 Milliarden auf Investitionen entfallen, welche für den Ausbau der Stadien und Infrastruktur verwendet wurden. Der Ausbau von Infrastruktur habe produktivitätssteigernde Effekte auf das ganze Land. Darüber hinaus erwarteten die Autoren zwei bis drei Milliarden Euro durch Ausgaben von heimischen und eine weitere Milliarde Euro aus den Ausgaben ausländischer Fußballfans. Der Bausektor in Deutschland sei der größte Profiteur der Fußballweltmeisterschaft sowie die Investitionsgüterindustrie, Stadiontechnik sowie Kommunikationsausrüstungen. Die Tourismusbranche in Deutschland erwartete 150 bis 200 Euro tägliche Pro-Kopf-Gesamtausgaben eines Übernachtungsgastes. Daraus würde sich ein Mehrumsatz für das deutsche Gastgewerbe i.H.v. 500 Millionen Euro ergeben und Ausgaben der Gäste innerhalb des Einzelhandels wurden auf 350 Millionen Euro geschätzt. Weltweit sollen die Umsätze von Sport- und Fanartikeln eine Höhe von mindestens 1 Milliarde Euro erreichen. Der Sporthersteller *Adidas* meldete im „im Juli 2006 einen Zwischenstand von 18 Millionen verkaufter Stück[zahlen] des offiziellen Spielballs im gesamten Markt." (Helmenstein, Kleissner, Moser & Schindler, 2007, S. 12) „Erweiterte Ladenöffnungszeiten für die Dauer des Turniers an den Spielorten" haben punktuell zu erhöhten Umsätzen im Einzelhandel geführt. (vgl. Bundesministerium des Innern, 2006, S. 47)

Über diese Sektoren hinaus profitierten von der Fußballweltmeisterschaft 2006 ebenso Sicherheitsdienste, Transport- und Logistikdienste des öffentlichen Personennah- und Fernverkehrs inklusive Luftverkehrsgesellschaften sowie Unternehmen innerhalb der Unterhaltungselektronik. Der Verkauf von Fernsehgeräten mit modernerer Technik stieg im Mai 2006 um 180 % an. Darüber hinaus wird der Umsatzzuwachs der Werbebranche auf mehrere Milliarden Euro geschätzt. Große Umsatzeinbußen haben im Sommer 2006 die großen Kinoketten in Deutschland verzeichnet. (vgl. Helmenstein, Kleissner, Moser & Schindler, 2007, S. 6 ff.)

Den geschätzten Umsätzen von 10 Milliarden Euro stehen Kosten für die Austragung der Fußballweltmeisterschaft 2006 in Deutschland von ca. 4,3 Milliarden US-Dollar laut Statista gegenüber. Das entsprach zu diesem Zeitpunkt einem Betrag i.H.v. 3,4 Milliarden Euro (0,79 USD->EUR). (vgl. Zeppenfeld, 2022) Nach diesem direkten Vergleich ergibt sich ein positives Ergebnis von 6,6 Milliarden Euro.

Das Vergleichen von erwarteten Umsätzen und Kosten genügt nicht einer umfänglichen Erfassung ökonomischer Wirkungen. Nach Agna und Taks ziehen große Events mehr Besucher, größere Investoren und Unterstützung der Regierung nach sich, da je nach Größe des Events eine z.T. globale Zuschauerschaf erreicht werden kann und in Summe mehr Ressourcen zur Durchführung benötigt werden. (vgl. Agna, Taks, 2015, S. 5)

## 3.2 Beschäftigungseffekte

*„Events require investments of human, financial and physical resources from communities that stage them. Human resources include the employees and volunteers required to stage the event."*

*(Agna, Taks, 2015, S. 5)*

Durch die Fußballweltmeisterschaft 2006 konnten in Deutschland insgesamt 40.000 zusätzliche Arbeitsplätze verzeichnet werden. Davon fielen ca. 20.000 Arbeitsplätze in die Bauwirtschaft, 11.000 zusätzliche Beschäftigte wurden im Gastgewerbe und im Einzelhandel erzielt und ca. 10.000 Arbeitsplätze in dienstleistungsintensiven Branchen wie z.B. bei Sicherheitsdiensten oder Transportunternehmen. Die temporären Beschäftigungseffekte waren bei den vergebenen Stellen hoch. Lediglich 10.000 der Arbeitsplätze waren langfristig angelegt. (vgl. Helmenstein, Kleissner, Moser & Schindler, 2007, S. 18)

Die Bundesregierung berichtet in ihrer WM-Bilanz von 50.000 zusätzlichen Erwerbstätigen im WM-Jahr und zeichnet damit ein sehr ähnliches Bild wie die Wissenschaftler. Lediglich die Deutung variiert, da das Bundesministerium des Innern dies als Wachstumseffekt beschreibt und auf vereinfachte Arbeitsgenehmigungen im Bezug auf die Weltmeisterschaft hinweist. (Bundesministerium des Innern, 2006, S. 28)

Hagn und Maennig untersuchten in einer Studie im Jahr 2007 als erste die Wirkungen der Fußballweltmeisterschaft ex post. Die Effekte der Fußballweltmeisterschaft 2006 in Deutschland auf die Arbeitsmärkte bildete dabei ein Kernthema ihrer Arbeit. Die Wissenschaftler kamen zu dem Ergebnis, dass die Fußballweltmeisterschaft keinen nennenswerten Einfluss auf die lokale Beschäftigungsrate gehabt habe. „None of the respective match venues did the effect of the sporting even on unemployment differ significantly from zero." 111 Monate von 1998 bis 2007 wurden Daten zur Arbeitslosigkeit in den zwölf Städten erhoben, in denen die Weltmeisterschaft stattfinden sollte, sowie in 63 Städten vergleichbarer Größe. Das Sportereignis habe keinen signifikanten Unterschied in der Zahl der Arbeitslosen ausgelöst. (Hagn, Maennig, 2007, S. 1 ff.) Die Wissenschaftler der Universität Hamburg merken dennoch an, es habe sich um ein spürbar positives Ereignis für Deutschland gehandelt.

## 3.3 Steueraufkommen

**Abbildung 2: Steuereinnahmen Deutschlands 2000-2022**

| Jahr | 2000 | 2001 | 2002 | 2003 | 2004 | 2005 | 2006 | 2007 | 2008 | 2009 | 2010 | 2011 | 2012 | 2013 | 2014 | 2015 | 2016 | 2017 | 2018 | 2019 | 2020 | 2021 | 2022 |
|---|---|---|---|---|---|---|---|---|---|---|---|---|---|---|---|---|---|---|---|---|---|---|---|
| Tabaksteuer | 11.443 | 12.072 | 13.778 | 14.094 | 13.630 | 14.273 | 14.387 | 14.254 | 13.574 | 13.366 | 13.492 | 14.414 | 14.143 | 13.820 | 14.612 | 14.921 | 14.186 | 14.399 | 14.339 | 14.257 | 14.665 | 14.733 | 14.229 |
| Alkoholsteuer (bis 2017 Branntweinsteuer) | 2.151 | 2.143 | 2.149 | 2.204 | 2.195 | 2.142 | 2.160 | 1.959 | 2.126 | 2.101 | 1.990 | 2.149 | 2.121 | 2.102 | 2.060 | 2.070 | 2.070 | 2.094 | 2.133 | 2.138 | 2.238 | 2.089 | 2.191 |
| Bundessteuern | 75.504 | 79.277 | 83.494 | 86.609 | 84.554 | 83.508 | 84.215 | 85.690 | 86.302 | 89.318 | 93.426 | 99.133 | 99.794 | 100.454 | 101.804 | 104.204 | 104.441 | 99.934 | 108.586 | 109.548 | 105.632 | 98.171 | 96.652 |
| Ländersteuern | 18.443 | 19.628 | 18.576 | 18.713 | 19.774 | 20.579 | 21.729 | 22.836 | 21.937 | 16.375 | 12.146 | 13.095 | 14.201 | 15.723 | 17.556 | 20.339 | 22.342 | 22.205 | 23.913 | 25.850 | 27.775 | 31.613 | 30.097 |
| Gemeindesteuer | 36.658 | 34.399 | 33.448 | 34.477 | 38.981 | 42.941 | 40.319 | 51.401 | 52.468 | 44.027 | 47.780 | 52.984 | 55.398 | 56.549 | 57.721 | 60.381 | 65.313 | 68.495 | 71.765 | 71.553 | 61.313 | 77.187 | 87.177 |
| Zölle | 3.394 | 3.191 | 2.896 | 2.877 | 3.059 | 3.378 | 3.880 | 3.983 | 4.002 | 3.604 | 4.378 | 4.571 | 4.462 | 4.231 | 4.552 | 5.159 | 5.113 | 5.063 | 5.057 | 5.085 | 4.734 | 5.122 | 6.829 |
| Steuern insgesamt | 467.252 | 446.248 | 441.705 | 442.238 | 442.838 | 452.079 | 488.444 | 538.243 | 561.182 | 524.000 | 530.587 | 573.351 | 600.046 | 619.708 | 643.617 | 673.261 | 705.791 | 734.513 | 776.263 | 799.308 | 739.735 | 833.188 | 895.716 |

Dies sind Steuereinnahmen in Millionen Euro der Bundesrepublik Deutschland in den Jahren 2000 bis 2022, welche nach ihrer Art zur Darstellung ausgewählt wurden, Quelle: Eigene Darstellung in Anlehnung an Bundesministerium der Finanzen, 2023).

Abbildung 2 zeigt die reinen Steuereinnahmen der Bundesrepublik Deutschland in den Jahren 2000 bis 2022. Im chronologischen Vergleich der einzelnen Jahre lassen sich geringe Tendenzen ablesen. Grundsätzlich ist von Jahr zu Jahr im Durchschnitt jeweils eine geringe Steigerung der Steuereinnahmen verzeichnet, was u.a. an der Berechnungsmethode des Ministeriums liegen kann. Es gibt lediglich die eingenommenen Steuern nach Arten an doch keine weiteren Erklärungen zur Berechnung und oder Erhebungsmethoden der veröffentlichten Zahlen. Z.B. wird nicht beschrieben, ob die Inflation aus den Steuereinnahmen herausgerechnet wurde. Diese könnte bereits positive Trends in den Steuereinnahmen erklären.

Die Tabaksteuer in Deutschland bringt jedes Jahr hohe Summen an Steuereinnahmen. Im Jahr 2006 wurde mit 14.387 Mio. Euro ein Rekordhoch verzeichnet. Diese Summe kann erst im Jahr 2014 übertroffen werden. Bis zu diesem Jahr wurden geringere Steuereinnahmen aus der Tabaksteuer errechnet.

Ein sehr ähnlicher Trend in einer kleineren Größenordnung lässt sich bei den Einnahmen der Alkoholsteuer ablesen. Die Einnahmen aus 2006 i.H.v. 2.160 Mio. Euro konnten erst im Jahr 2020 übertroffen werden. Die Gesamtsumme aus den erzielten Steuereinnahmen im Jahr 2006 reiht sich mit fortlaufenden Erhöhungen zum Vorjahr (2005-2006 / +8%) in die Chronologie ein. Das Jahr der Fußballweltmeisterschaft erzielt somit keine signifikante Erhöhung der Steuereinnahmen in Deutschland. (vgl. Bundesministerium der Finanzen, 2023) Ob es sich bei den erhöhten Einnahmen im Bereich der Tabak- und Alkoholsteuer um eine Kausalität, welche aus der Weltmeisterschaft 2006 folgte, handelt, lässt sich nur schwer feststellen, da eine Korrelation ebenfalls vorliegen könnte. Im Jahr 2004 wurde z.B. zweimal die Tabaksteuer erhöht, was vorerst zu einem Rückgang der Einnahmen im Jahr 2004 führte. Der Spitzenwert im Jahr 2006 kann ein Zusammenspiel aus der Gewöhnung der rauchenden Gesellschaft an die neuen Preise und damit die Rückkehr zu alten Gewohnheiten sowie einem erhöhten Absatz aufgrund von Feierlichkeiten, die der WM zuzuschreiben waren, sein.

# 4 Gesellschaftliche Messung

## 4.1 Zufriedenheit

Der Ökonom Markus Voeth führte im Jahr 2010 eine Befragung unter deutschen Arbeitnehmenden durch, um herauszufinden, welchen Einfluss die Fußballweltmeisterschaft auf die Arbeitszeiten dieser Zielgruppe hatte. Es gebe innerhalb der Untersuchung widersprüchliche Ergebnisse bzgl. positiver und negativer Konsequenzen, welche aus der Fußballweltmeisterschaft resultierten. Eine WM sei nach Voeth „in vielen Bereichen produktivitätsvernichtend, weil die Menschen Teile ihrer Arbeitszeit schlichtweg für andere Dinge verwenden". 51 % der Befragten gaben an, während ihrer Arbeitszeit, anstatt zu arbeiten, sich mit Kolleginnen und Kollegen über das Thema Fußball auszutauschen. Ca. drei Viertel der Befragten gaben an, die verlorene Arbeitszeit nicht nachzuholen. Ca. 10 % der Befragten gaben an, sogar ganze Fußballspiele auf der Arbeit angeschaut zu haben. Aus diesen Ergebnissen entstehe nach Voeth ein Produktivitätsverlust, der abhängig von der Leistung der Nationalmannschaft und der Turnierdauer für diese sei. Dennoch lasse sich ein positiver „Langfristeffekt durch eine verbesserte Stimmung, höhere Motivation, höhere Loyalität, höhere Identifikation mit dem Unternehmen, der schmälert dieses Negative." Dennoch sei es wissenschaftlich nicht quantifizierbar, wie hoch genau dieser Effekt ist. (vgl. Katzenberger, 2010)

Die Zufriedenheit oder der Ärger über die Fußballweltmeisterschaft 2006 kann einen Produktivitätsverlust begünstigen, doch stehen dem wiederum positive Effekte entgegen, wie z.B. die positive Emotionalisierung am Arbeitsplatz aufgrund der dortigen Auslebung dieses Themas.

## 4.2 Image

Um das Image eines Landes langfristig beeinflussen zu können, gehöre eine Erreichung eines großen Publikums, um ein bestimmtes Bild zu prägen. Fußballweltmeisterschaften gehörten „zu den Megaevents, die weltweit die höchste Aufmerksamkeit erzielen." (Jäger, 2021, S. 36)

Die deutsche Bundesregierung äußert sich in ihrer Bilanz zur Fußballweltmeisterschaft euphorisch über die erzielten Imageeffekte: „Das Deutschland-Bild im Ausland hat eine erhebliche Aufwertung erfahren." Die „weitestgehend staufreien An- und Abreisen" durch eine mit 3,7 Mrd. Euro modernisierte Verkehrsinfrastruktur sei in der Lage gewesen, das zusätzliche Verkehrsaufkommen zu regeln und zu einer positiven Stimmung beizutragen. Ebenso sei das Gastgeberkonzept der Bundesregierung mit den vier Bausteinen Projekte der Ressorts, Standortwerbung, Kunst- und Kulturprogramm und eine Freundlichkeitskampagne erheblich mitverantwortlich für die Hebung des Images Deutschlands im Ausland. „1.281 Personen aus aller Welt wurden im Rahmen einer repräsentativen Umfrage von TNS Infratest zum Reise- und WM-Land Deutschland, die im Auftrag DZT realisiert wurde, in den WM-Städten" zu den gemachten Erfahrungen während der WM-Vorrunden durchgeführt. „Über 90 Prozent der Befragten [wollen] Deutschland als Reiseland weiterempfehlen." 2.113 internationale Gäste wurden darüber hinaus in den Stadien befragt, ob es eine Veränderung bzgl. Der Einstellung gegenüber dem Gastgeberland Deutschland gegeben habe. Ca. 80 % der Befragten gaben an, zuhause positiv oder sehr positiv über Deutschland zu berichten. 4 % sprachen sich für eine negative Berichterstattung im eigenen sozialen Umfeld aus. 25 % der Befragten gaben an, sich eine intensivere Geschäftsbeziehung zu Deutschland vorstellen zu können. (vgl. Bundesministerium des Innern, 2006, S. 1-5, S. 41, S. 34-36)

Bezüglich des Images scheinen sich alle untersuchenden Wissenschaftlerinnen und Wissenschaftler grundsätzlich einig zu sein: „Imagemäßig ist Deutschland seither im Ausland deutlich besser positioniert", meint der Ökonom Markus Voeth. (Katzenberger, 2010) Auch das Deutsche Institut für Wirtschaftsforschung kommt wie Markus Voeth zu dem Ergebnis, die WM 2006 habe keine „nennenswerten konjunkturellen Effekte" gehabt, doch ließe sich „die gesamte ökonomische Bedeutung des Sportereignisses mit seiner Vielzahl von Wechselwirkungen nicht quantifizierbar" machen. Gerade die langfristig wirkenden Imageeffekte seien nicht messbar. (Brenke, Wagner, 2007, S. 445)

Auch Tödter und Bangerth berichten in ihrer touristisch ausgerichteten Studie zur Fußballweltmeisterschaft 2006 von einer höheren und langfristigeren Relevanz der Imageeffekte und Langzeitnachwirkungen für den Wirtschafts- und Tourismusstandort Deutschland. Ziel einer solchen Großveranstaltung sei „im Inland wie im Ausland neue Zielgruppen für den Geschäfts- und Freizeittourismus zu gewinnen". (Tödter, Bangerth, 2009, S. 24) Aus touristischer Sicht sei die Fußballweltmeisterschaft 2006 ein voller Erfolg. 73 % der Befragten Zuschauenden der Weltmeisterschaft in Deutschland gaben an, allein zu diesem Zweck nach Deutschland gereist zu sein. Gleichzeitig gaben 16 % der Befragten an, eine bereits vorhandene Reiseabsicht nach Deutschland mit der Fußballweltmeisterschaft verbunden zu haben. Von allen Befragten wollen 90 % Deutschland als Reiseziel weiterempfehlen. Eine global gültige Aussage im Hinblick auf das Image eines Landes sei nicht zulässig, da das Image von der individuellen Meinung einzelner Personen abhänge, doch ließen sich Tendenzen formulieren. (Tödter, Bangerth, 2009, S.28-38)

Die beiden Autoren Hagn und Maennig haben sich die Frage gestellt, ob aufgrund von Ressourcenverbräuchen und Kosten ein solches Event legitimierbar sei, und kamen zu folgendem Ergebnis: „Especially effects such as the feelgood effect benefit for the population and / or image effects -although difficult to quantify – may be sufficient important to justify major sporting events and / or the provision of subsidies for them from public funds." (Hagn, Maennig, 2007, S. 11)

### 4.3  Akzeptanz und Partizipation der Bevölkerung

*„While smaller events may generate limited economic activity, their outcomes and net benefits for the local community might actually be more positive."*

*(Agha, Taks, 2015, S. 2)*

Als soziokulturelle Effekte von Großveranstaltungen können der steigende Erlebnis- und Freizeitwert für die Bevölkerung, die Förderung von kulturellen Werten sowie Traditionen, die Kommerzialisierung von privaten und öffentlichen Leistungen und Überfremdung angeführt werden. Psychologische Effekte von Großveranstaltungen können die Steigerung der lokalen Identität sowie Konflikte zwischen Einheimischen und Besuchern genannt werden. (vgl. Helmenstein, Kleissner & Moser, 2007, S. 5) Damit schließt Helmenstein an das vorige aufgeführte Zitat an: Bei zu großen Veranstaltungen sind Risiken von wahrgenommener Überfremdung von Einheimischen und die Überlastung von Infrastruktur gegeben. Obwohl es sich bei der Weltmeisterschaft um ein großes wahrgenommenes Event handelt, sorgte die Aufteilung auf 12 unterschiedliche Spielorte für eine Entwirrung von Besuchern der Spiele und Touristen im Land.

Noch größer als die physischen Bewegungseffekte im Land waren die verzeichneten Zuschauenden zuhause vor ihren Fernsehgeräten.

„Das Finale der Fußball WM 2006 in Deutschland erreichte offiziellen Schätzungen der FIFA zufolge weltweit mehr als 600 Mio. Fernsehzuschauer". (Helmenstein, Kleissner & Moser, 2007, S. 3) Die Medienforschung des ZDF und der ARD hat im Jahr 2006 eine Analyse der Fernsehübertragungen veröffentlicht. Von der Fußballweltmeisterschaft 2006 wurden erstmals Übertragungsrechte für acht Spiele an den Privatsender RTL veräußert. Die öffentlich-rechtlichen Sender ARD und ZDF strahlten 48 der insgesamt 64 Spiele aus. Lediglich der Privatsender Premiere (heute Sky) sicherte sich die Übertragungsrechte für alle 64 Spiele. Die Analyse der Zuschauenden ergab, dass mindestens 61 Millionen Zuschauende (ca. 83 % der Deutschen) mindestens ein Spiel der Fußballweltmeisterschaft im Fernsehen angesehen hatten. Durchschnittlich habe jeder dieser 61 Millionen 10,5 Spiele im öffentlich-rechtlichen Fernsehen oder bei RTL gesehen. Im Jahr 1998 bei der Fußballweltmeisterschaft in Frankreich waren es noch 77 % und im Jahr 2002 bei der Fußballweltmeisterschaft in Japan und Südkorea 68 % der Deutschen. Die meistgesehene Begegnung der Fußballweltmeisterschaft war das Spiel Deutschland gegen Italien im ZDF am 04.07.2006 mit 29,66 Millionen Zuschauenden, was einem Anteil von 84,1 % entsprach. Das Eröffnungsspiel der Weltmeisterschaft 2006 wurde in Deutschland von 20,6 Zuschauenden gesehen, was seit dem Beginn der Reichweitenmessung die höchste erfasste Zahl eines Eröffnungsspiels darstellt. Neben den erfassten Zahlen aus privaten Haushalten müssen ebenfalls Zuschauende berücksichtigt werden, die die Spiele an einem öffentlichen Ort verfolgt haben. Diese Zahlen lassen sich nicht sicher erfassen und wurden durch Telefoninterviews eingegrenzt und anschließend abgeschätzt. Aus den präsentierten Zahlen kann man einen Zuwachs von ca. 50 % im Gesamtergebnis beobachten. (vgl. Geese, Zeughardt & Gerhardt, 2006, S. 454-456)

Public Viewing habe laut der Bundesregierung „eine Atmosphäre geschaffen, die dazu beitrug, dass die WM von der Gesamtbevölkerung akzeptiert und getragen wurde." (Bundesministerium des Innern, 2006, S. 20)

# 5 Fazit

Eine Großveranstaltung wie die Fußballweltmeisterschaft bringt hohe Investitionskosten zur Sicherung eines risikoarmen Ablaufs und gleichzeitig eine hohe globale Aufmerksamkeit mit sich, aus der sich Potenziale zur Imagepflege ergeben. Die dokumentierten Effekte zeigen geringe ökonomische Vorteile aufgrund von hohen Investitionssummen. Größer sind die Effekte des Images eines Landes und die damit einhergehenden touristischen Potenziale, welche langfristig wirken.

„Der finanzielle Gewinn der FIFA Fußball-Weltmeisterschaft 2006 beträgt vor Steuern 155 Millionen Euro." (Deutscher Fußball-Bund, 2007) Eine Steigerung von 20 Millionen Euro wurde gegenüber der ersten Veröffentlichung realisiert. Der erzielte Gewinn wurde „zwischen dem Deutschen Fußball-Bund (DFB) und der Deutschen Fußball Liga (DFL) geteilt." Gleichzeitig weist der Deutsche Fußball-Bund darauf hin, dass die erwirtschafteten Gelder für gemeinnützige Zwecke verwendet würden und daher eine Lösung zur steuerlichen Behandlung noch ausstehe. Eine weitere Veröffentlichung zum Umgang mit zu entrichtenden Steuern auf die erzielten Gewinne gibt es nicht.

Fraglich ist, ob die Aufteilung von geldlichen Vorteilen aus der Weltmeisterschaft zwischen der Regierung und dem Fußballbund investitionsorientiert stattgefunden hat bzw. stattfindet, da die getätigten Investitionen seitens der Regierung aus Steuern finanziert werden. Eine exakte Eingrenzung der Gewinne im direkten Zusammenhang mit der Weltmeisterschaft zu eruieren, gestaltet sich als umfangreich und schwierig.

## 6 Ausblick

Auch im Jahr 2024 soll ein Fußball-Großereignis in Deutschland stattfinden: Die Europameisterschaft. Die Berichterstattung zu erwarteten Effekten ist vielseitig: Während Berlin „einen enormen wirtschaftlichen Schub erwartet", (Tänzler, 2024) berichtet der Spiegel über kaum erwartete wirtschaftliche Impulse seitens Wirtschaftsexperten für die Volkswirtschaft Deutschlands. (Spiegel, 2024)

Auch Berichte über die Hoffnungen und Erwartungen des Gastgewerbes zeichnen ein konträres Bild: Während der DEHOGA von kaum erwarteten Effekten berichtet, veröffentlichte die Landesregierung in Baden-Württemberg hohe erwartete Impulse für den Tourismus und einen Imagegewinn für Baden-Württemberg. (Kleinen, 2024; Landtag von Baden-Württemberg, 2024)

Diese Berichterstattung unterstreicht die Komplexität des Auswertens von Effekten für gesamte Volkswirtschaften. Während einzelne Städte von positiven Entwicklungen berichten, tragen andere lediglich die Kosten der Investitionen mit, ohne aber gleichzeitig Partizipant als Austragungsort des Events zu sein. Auch die Europameisterschaft ist ein gutes Beispiel einer solch komplexen Veranstaltung mit hohen Investitionssummen und viel Aufmerksamkeit aus dem Ausland. Andauernde Bahnstreiks im Jahr 2024 haben bereits dafür gesorgt, dass ausländische Fanverbände die Fans vor chaotischen Verkehrszuständen im Land warnen, was zu einer Einbuße der erhofften Imageeffekte führen kann. (welt, 2024)

# 7 Literaturverzeichnis

Agha, N. & Taks, M. A. (2015). A theoretical comparison of the economic impact of large and small events. International Journal of Sport Finance, 10 (3), 199-216.

Brenke, K., Wagner, G. (2007). Ökonomische Wirkungen der Fußball-WM 2006 in Deutschland zum Teil überschätzt. German Institute for Econimic Research (DIW Berlin), 74 (29), S. 445-449.

Bundesministerium der Finanzen. (2023). Steuereinnahmen nach Steuerarten 2000-2022. Verfügbar unter: https://www.bundesfinanzministerium.de/Content/DE/Standardartikel/Themen/Steuern/Steuerschaetzungen_und_Steuereinnahmen/2023-06-30-steuereinnahmen-nach-steuerarten-2000-2022_kopie.html (27.03.2024, 12:32)

Bundesministerium des Innern. (2006). Die Welt war zu Gast bei Freunden. Bilanz der Bundesregierung zur FIFA Fußball-Weltmeisterschaft 2006. Verfügbar unter: www.bmi.bund.de (30.03.2024, 11:33)

Dobias, E. & Schwarz, R. (2002). Mitteldeutsche Zeitung. Fußball-WM 2006: Leipzig wird einer der zwölf Spielorte. Verfügbar unter: https://www.mz.de/varia/fussball-wm-2006-leipzig-wird-einer-der-zwolf-spielorte-2962208 (17.04.2024, 17:03).

Geese, S, Zeughardt, C., Gerhardt, H. (2006). Die Fußball-Weltmeisterschaft 2006 im Fernsehen. MEDIA PERSPEKTIVEN, 2006 (9), 454-464).

Hagn, F., Maennig, W. (2007). Labour Market Effects of the Soccer World Cup in Germany. Studie. Hamburg Contemporary Economic Discussions. Hamburg: Universität Hamburg.

Helmenstein, C., Kleissner, A. & Moser, B. (2007). Volkswirtschaftliche Effekte der FIFA Fußball WM 2006 in Deutschland. Ad hoc-Research der SportsEcon Austria. Wien: Institut für Sportökonomie.

Jäger, D. (2021). Grundwissen Eventmanagement. (4. Auflage). München: UVK Verlag.

Kleinen, S. (2024). Hogapage. Diese Erwartungen hat das Gastgewerbe an die Fußball-EM 2024. Verfügbar unter: https://www.hogapage.de/nachrichten/wirtschaft/gastronomie/diese-erwartungen-hat-das-gastgewerbe-an-die-fu%C3%9Fball-em-2024/ (02.06.2024, 14:58).

Landtag von Baden-Württemberg (2024) Land erwartet durch EM positive Tourismus-Effekte. Verfügbar unter: https://www.landtag-bw.de/home/aktuelles/dpa-nachrichten/2024/Mai/KW20/Freitag/3e6597d1-e821-4036-a751-5522aadd.html (02.06.2024, 15:25)

o.A. (2007). Deutscher Fußball-Bund. Gewinn der FIFA WM 2006 auf 155 Millionen Euro gesteigert. Verfügbar unter: https://www.dfb.de/news/detail/gewinn-der-fifa-wm-2006-auf-155-millionen-euro-gesteigert-10374/ (27.03.2024, 12:45)

o.A. (2024). SPIEGEL Wirtschaft. Wirtschaftsexperte erwartet kaum Impulse von der Fußball-EM. Verfügbar unter: https://www.spiegel.de/wirtschaft/wirtschaftsexperte-erwartet-kaum-impulse-von-der-fussball-em-a-eb9d9c9e-f521-4056-810a-09a257c7a768 (02.06.2024, 14:24).

o.A. (2024) WELT Panorama. Schottischer Verband warnt Fans vor Zugverspätungen in Deutschland. Verfügbar unter:

https://www.welt.de/vermischtes/article251501422/Fussball-EM-2024-Schottischer-Verband-warnt-Fans-vor-Zugverspaetungen-in-Deutschland.html (02.06.2024, 16:28)


Katzenberger, P. (2010). Sueddeutsche Zeitung. WM ist produktivitätsvernichtend. Verfügbar unter: https://www.sueddeutsche.de/wirtschaft/wie-fussballkonsum-auf-die-wirtschaft-wirkt-eine-wm-ist-produktivitaetsvernichtend-1.967802 (28.04.2024 / 14:13).


Tödter, N., Bangerth, M. (2009). Die FIFA Fussball-WM 2006: ein Erfolgsfaktor für den Deutschland-Tourismus. In Bugusch, S., Spellerberg, A., Topp, H. & West, C. (Hrsg.) Organisation und Folgewirkung von Großveranstaltungen. Interdisziplinäre Studien zur Fussball-WM 2006 (1. Auflage; S. 23-40), Wiebaden: Springer Science+Business Media.


Tänzler, C. (2024). VisitBerlin. Verfügbar unter: https://about.visitberlin.de/presse/pressemitteilungen/fakten-zur-fussball-europameisterschaft-uefa-euro-2024#:~:text=Insgesamt%20erwartet%20Berlin%20im%20Laufe,von%20mindestens%2090%20Millionen%20Euro. (02.06.2024, 14:21).


Zeppenfeld, B. (2024). Statista. Kosten für die Austragung von Fußball-WM bis 2022. Verfügbar unter: https://de.statista.com/statistik/daten/studie/1332930/umfrage/kosten-fuer-die-austragung-von-fussball-weltmeisterschaften/#:~:text=Kosten%20f%C3%BCr%20die%20Austragung%20von%20Fu%C3%9Fball%2DWM%20bis%202022&text=Katar%20gab%20nach%20Sch%C3%A4tzungen%20bis,%2C3%20Milliarden%US%2DDollar. (30.03.2024, 11:16)

# BEI GRIN MACHT SICH IHR WISSEN BEZAHLT

- Wir veröffentlichen Ihre Hausarbeit,
  Bachelor- und Masterarbeit

- Ihr eigenes eBook und Buch -
  weltweit in allen wichtigen Shops

- Verdienen Sie an jedem Verkauf

Jetzt bei www.GRIN.com hochladen
und kostenlos publizieren